GNENEPARI LACINA SORO

TÂCHES INDÉLÉBILES " Même les mots pleurent aussi..."

GNENEPARI LACINA SORO

TÂCHES INDÉLÉBILES “ Même les mots pleurent aussi...”

(Petits Poèmes en vers 2015-2020)

Éditions Muse

Imprint

Cover image: www.ingimage.com

Publisher:
Éditions Muse
is a trademark of
Dodo Books Indian Ocean Ltd. and OmniScriptum S.R.L publishing group

120 High Road, East Finchley, London, N2 9ED, United Kingdom
Str. Armeneasca 28/1, office 1, Chisinau MD-2012, Republic of Moldova, Europe
Printed at: see last page
ISBN: 978-620-4-95920-7

La poésie est un jeu avec les mots ou jeu dans les « transmissions » comme dit Jean-Paul Sartre. Elle est à la fois joie et épreuve. Elle éprouve nos sens, par le rythme et les images, nos cœurs, pour vérifier la sensibilité à la douleur et la solidarité avec les espoirs, et même notre raison, car il faut savoir tirer des leçons pour être raisonnable. C'est précisément pour cela qu'elle est liberté. Elle propose d'avoir en partage la liberté de dire, de vivre et d'être. Oui, faire l'éloge de la poésie, c'est faire l'éloge de la liberté, de l'amour et de la fraternité humaine !

(Professeur SERY BAILLY, Préface de *ZAKWATO : Pour que ma terre ne dorme plus jamais...* de AZO VAUGUY)

TÂCHES INDÉLÉBILES

“ Même les mots pleurent aussi... ”

(Petits Poèmes en vers 2015-2020)

À

Ma Famille, ma plus grande richesse sur cette terre de la surenchère

À

Professeur TOH BI TIE Emmanuel, mon Maître,

Que la lumière soit !

SILENCE POÉTIQUE

Ma poésie a horreur du silence
Ce silence qui étouffe parfois mes nuits
Mais cette envie d'écrire me délivre de ces ennuies
Elle m'ouvre d'énormes espaces arides
Qui se fertilisent dans le vide

Ma poésie a horreur du silence
Le silence d'une nuit sans étoiles
Des nuages sombres sur le toit des taudis se dévoilent
Des orages en rut aux visages apocalyptiques
Qui enterrent nos martyrs jusqu'aux entrailles de l'Atlantique

Ma poésie a horreur du silence
De l'obscurité des couloirs sarcastiques
D'une nuit d'embarcation à la saveur maléfique
Sur le chemin sinueux qui mène vers l'hécatombe
Il faisait si froid cette nuit
Que même les icebergs déboulant
Durent se servir de leur poids comme couverture.
Ma poésie a horreur du silence
Le silence d'une voix étranglée
De cette Afrique qui tangue
Sous l'aphasie de ses dirigeants félons
Qui cultivent leurs rêves sur le dos des colons
Consumés par ce baragouinage occidental
Que mes rêves portatifs diatribes en aval
Motus !

SOUS LE COUVERT DE LA PLUME

Les chansonniers s'abritent sous le couvert de la plume
La plupart fleurissent
Lorsque le ciel hurle
Au moment où les mirettes
De la cité s'estompent d'écume
Les légers parfums d'un matin glorieux
Sortons-les étoffent de la nuit
Pour embrasser les diseurs de rêves
Qui déciment nos ennuies

Les chansonniers s'abritent sous le couvert de la plume
Ils flottent sur les murailles des désirs
Enflammés de flux d'horreur
Sous les yeux de l'aurore
Contre l'austère casaque de l'Harmattan du Nord
Qui retracent les sillons de l'harmonie
Sur des visages de désespoir
Des folies de la calvitie des rêves de nos ardeurs

Les chansonniers s'abritent sous le couvert de la plume
Où coule la seine de nos amours
Qui perforent la misère de l'âme
Et ces joies flatteuses du calao
Que je vois assis sur le trône des dynamites
Chansonnier ou poète !
Griot ou parolier !

Chante avec moi la douceur des mots !

Chante avec moi la beauté des vers !

Danse avec moi sous le rythme harmonieux des rimes pourvoyeurs de vent nouveau !

POUR MA TERRE D'IVOIRE, POUR MA TERRE D'AFRIQUE

Des murailles se battirent comme des cyclones

Des misères calcinent sur le poids des hormones

Des visages (oreilles) crispés de tonneaux d'horreur

Dans le sérail de vents douloureux

Des murmures de tambours en conciliabules

A califourchon sur le dos de la savane arboré

A la lisière des cris de calaos-tirailleurs

Des perles de nids d'abeilles

Ornaient le silence de la nuit

Sur le chemin initiatique du *Poro*[1]

Ma terre d'ivoire venait d'être violée.

Amputée d'un césarisme aux trompes désastreuses

Au bord de la lagune ensoleillée

Que d'immenses pelotons d'exécutions

Sur le macadam des plages

Ma terre d'ivoire germe le flair sombre d'orage

Dans son ventre marécageux

D'énormes fœtus des passions rouges

De ces briseurs de rêves

D'un soleil levant à l'aube

D'un DIX-NEUF Septembre

Sous l'œil divin des grains de sable

Rougies par l'horreur au soir

D'un TREIZE Mars

---

[1] *Le Poro* est un rituel Senoufo du Nord de la Cote D'Ivoire, qui demande une initiation très longue, parfois une vie entière pour atteindre le degré suprême de la connaissance. L'imitation se déroule sur trois (03) cycles de sept (07) ans.

Que d'énormes cicatrices d'un souvenir

Au gout aigre de ma terre d'ivoire

Qui inondent nos regards sombres et dérisoires

Elles se veulent intimes

Tourmentées d'un langage véridique.

SUR LE CHEMIN DE L'ELDORADO

Une nuit sans étoile brisait le sommeil de la daronne
Une nuit ensoleillée dépossédait maman de sa couronne
Laissant loin derrière elle une marmite pleine de vide
Sur le chemin d'éden
D'énormes explorateurs d'ébène
Qui tombent !
Qui tombent !
Qui tombent !
Une véritable marchandise d'hécatombe !
Que la mer dévorante dénombre
Pendant que la mère aimante succombe
Et le silence d'une nuit sombre
Rongeait mon gosier de liberté
Remplie de chagrin des temps modernes
Des pouilleries terrestres
Se dissimulent volontiers
Sous les vagues déchainées.
Là-bas, loin des marmites de tartines
Quelques patrouilles dénombraient
Des consciences obscures
Et mon regard triste
D'énormes constellations d'hécatombes !
Dans les bras de la méditerranée
Sous ce regard délateur du firmament qui s'effare !
Triste sort !

Quel triste sort !

Sort vite et vient voir dehors !

Ils dorment par milliers aux abords du vaisseau de tribord à bâbord !

L'IMPASSE

Dans une attente dégoûtante
L'homme affirme son impatience
De toutes les couleurs pendantes
Loin des affres de propagande
J'ai nommé cela insuffisance !
Dans la manifestation d'une impuissance
Je découvre tes yeux convalescents.
Alchimiste, verbaliste, parolier attrayant
Ton univers dépend de ta connivence
Dans cette solitude d'existence
En perpétuelle obéissance
Au pied des murs de l'occident
Copie conforme des idées dérisoires
D'un peuple consumé par le désespoir
C'est une regrettable passion
Dans cette calvitie élisabéthaine
Et lorsque tu te montras plaintif
Ils te diront que les choses sont faites ainsi
C'est un éternel recommencement !
Borne ta pensée rebelle d'enfant !
Dans le creux des histoires savoureuses
Que le grand baobab déboulant
Gisait d'une voie mielleuse

MIDI SAVOUREUX

Bientôt midi !
Et j'entends déjà les soupirs
De ton ventre marécageux
A la recherche d'un nouveau souffle de vie

Bientôt midi !
Tout le monde s'est déjà réuni
Autour de l'autel d'énormes visages de collation
Et nos esprits en perpétuelle prédilection
Ne font que consumer les ennuis
D'une mi-journée rassasiée de fermentation

C'est déjà midi !
Dans ma poitrine
Un noyau de bouillonnement hormonal
Qui retrace la voie d'un mouvement vertical
Mon cœur qui bas si fort d'averses
J'atteste que je ne pourrai diner
Sans te dire
Que tu fais chanter
En moi le désir
D'une bonne dose de rire
A la saveur de tes lèvres
Durant cette période de trêve
Oh ! Quelle envie !

En cet instant de survie

Que de te souhaiter

Un bon appétit !

ODE A LA POÉSIE

Poésie !
Poésie !
Poésie !
Instance divine
Entrailles spirituelles
Témoin oculaire d'une Afrique pétrifiée
Fer de lance d'un peuple asservi
Véritable manifeste des actions maigres
Les grands baobabs de l'Afrique chantent ta survie
Le refrain d'une guérilla au goût aigre

Poésie !
Poésie !
Poésie !
Ton visage vif et preste d'un oiseau migrateur
A la recherche d'un nid d'orateur
Laisse-moi ébrouer ta silhouette énigmatique
Laisse-moi respirer le flair de ta saveur pragmatique
Longtemps !
Longtemps !
Longtemps !
Le gout de ton parfum charmeur
Qui exorcisme mon âme
Ces diseurs de rêves
Qui glorifient ton art mélodieux
Sous un soleil cabalistique.

AFRICA

A toi Afrique
Où chantent mes morts illustres
A toi Afrique
Où baignent les efforts prolixes des entrailles vermines
A toi Afrique
De ma terre famélique
Sous les forêts sacrées au cœur de l'iroko
Du bas Congo jusqu'à Soweto
A toi Afrique
Ténébreux univers de démunis
Sur le front de l'aigle des mouches Tsé-Tsé nourris
Aux cris de misères rouges d'un soir d'Ouragan
Et ces cœurs scellés d'horreur sous un soleil accablant
De ces champs de bataille éventrés
Pour faire taire mes nuits souillées d'épine sommeil
A toi Afrique
Négrilles mouvants de toutes les couleurs
Dans leurs yeux
Le rouge des souffrances mixées
Le pupille au vague de larmes ensanglantées
La colère bleue de ces piments rupteurs
De mes pères chercheurs de nouveaux repères
A toi mon Afrique
Au gosier empoigné de libertés enchainées
Pour toi mon Afrique
Que d'énormes étincelles bleues de LIBERTÉ dans tes larmes.

LETTRE À LA FEMME

Nuit et jour je cours après cette lumière

Celle d'une étoile en précoce constellation

C'est de là que s'est dévoilé en moi le secret de ton adoration

Je veux que les flammes de ton amour illuminent ma tanière...

Je veux que la misère ne se rapproche plus de ta camisole

Oui, j'en veux plus ces bleus qui te tracent les sillons dans le visage

Je ne veux plus de ces attentes dégoutantes avec ton regard qui pétille chaque soir vers un horizon pourtant vide d'espoir...

J'en ai marre de ces saisons pluvieuses sur ton joli minois !

Oui ! marre de ta solitude dégradée !

Et quand viendra l'heure du repos,

Ton cure chevelure nous retracera le chemin qui mène vers l'espérance

Pendant que ton grand amour, nous servira de boussole aux quatre coins du monde

Et lorsque ton chaleureux sourire sera le reflet d'une journée chargée de fermentation,

C'est ta voix mélodieuse qui bercera notre lendemain.

Quand ta bonne foi se mettra en branle autour de la dignité humaine,

La couleur de ta peau ne changera rien en ton ultime combat : tu t'appelleras dès lors "Femme".

Chant pour une ROSE

Une rose a été découverte ce matin dès l'aube
C'était dans un jardin public à proximité de Mermoz[2]
Ce vertueux jardin d'Éden au soleil beau
Elle avait la douceur de mon café-pause
Sa saveur me soustraire parfois de mes nuits blanches d'overdose
C'est une gamme de fleur destinée aux chevaliers du galop
Avec son parfum à la candeur de mes proses
C'est Bakary, l'idolâtre de mère Nature qui me la propose
J'irai la cueillir pour faire taire mes maux
C'est ma rose !
C'est ta rose !
C'est notre rose !
Je l'ai vu tendrement dans les bras de ma sœur Josée
Elle était embastillée sous les feuillages d'une matinée de rosée
L'on se demandait parfois si c'était une trémière rose
Que le diable saluât avec autant d'hypnose
Venez donc ensemble qu'on l'arrose
Afin de générer un monde plein de lambeau de rose
Mon cœur à moi jalonne cette rose
Quand coulent dans mes mains l'air et l'eau.
Que de refrains nouveaux
Dans la serve de ma rose !
Oh ! ma belle rose !

---

[2] Mermoz : *Quartier de la commune de Port-Bouet (Abidjan)*

Germe en moi le parfum grue de tes verts tamariniers ! [3]

Et voilà Venus !

Voici venu ma passion rose

Avec elle l'aube cracheuse de tonus

Qui dorlote la chevelure preste de l'univers

Ah ! sensuelle ampleur de ma rose d'adoration de volute.

Que mon cœur à moi jalonne cette rose !

Entre les bras d'une nymphe fraîche éclose

Souriant ses yeux comme un ruisseau

A qui le temps a laissé son manteau de vent nouveau !

Dans ces cavales de poèmes en prose des *Satires* de

Nicolas BOILEAU,

Devant *Les contemplations* de

Victor HUGO,

Que les « *Fleurs* » aux bouquets de cristal de

Arthur RIMBAUD,

Contemplaient « *Au lit* »,

Sur le regard adulateur de

Henri MICHAUD

Dans son manteau de Sylphe[4] !

---

[3] *Grand arbre exotique, très décoratif, aux feuilles et aux fruits comestibles*

[4] *Génie masculin de l'air qui revient fréquemment dans les contes du XVIIIème Siècle français*

MON KALAM

Il m'arrive souvent de prendre mon Kalam
Pour insurger mes états d'âme
C'était au soir d'un mois d'octobre
Où tout paraissait si sobre
Et cette envie d'écrire
Qui me délivre de mes ennuis
Cet échange à la saveur de fraise
Que je laissais proférer mes mots à mon aise
Pour combler la lisière d'une nuit chargée de vide
Et ces feuillages qui s'estompent à la lumière aride
C'est pourquoi je prends mon Kalam
Afin de t'offrir mon Salam
Parce qu'une nouvelle ère se dévoile
Dans le cri d'un silence poétique,
Reçoit mon Salam !

LA NUIT

Oh ! Belle nuit

Vient ensevelir mes ennuis

Que d'énormes consciences obscures tombent en ruine

Dans des ténèbres de feux aux milles flammes

Des cris noirs de calaos qui sèment l'amalgame

De part et d'autre ils s'affichent comme des pancartes

A nos yeux de peloton d'étoiles qui nous servirons de cartes…

Oh ! Belle nuit emporte avec toi les dernières heures du jour

Oh ! Belle nuit comment exprimez ce que tu m'inspires ?

Va donc te reposer au pied de mon Afrique orpheline…

Il est minuit et tous les stylos sont pris…

ÉTRANGE SOMMEIL

Il dort son sommeil

Il dort !

Oui ! AQUARIUS dort son sommeil en mer Méditerranée !

Hypnotisé par une nuit chargée de sauvetage humaine

Dans cette effroyable vie de carnage

Où beaucoup d'âmes en rut agonisent d'un sourire étrange

Il dort son sommeil

Après mille nuits d'hivernage avec l'archange

Ensanglanté en chœur de douleur de mirage

Ces sans vie qui partent en course déclarée sur le chemin de l'acmé

Qui aurait cru qu'Il l'aura ?

Ce sommeil triste d'hypnose…

Quand tombent sous ses yeux meurtris

D'énormes marées humaines en crise d'épilepsie !

Qui tombent !

Qui tombent !

Qui tombent par septaine !

Et pourtant Il dort son sommeil

Dans la vallée d'un sanglot d'humeur

Le cri de la daronne en écho-sommeil

Voyant son fils biaisé par une couronne d'abeille

Et pourtant elle dormira son sommeil !

Quand viendra l'heure d'une courte trêve !

TENTATION

Tout est remis en question

Lorsque le ciel croule sous nos instants de déceptions

Une mise en garde contre ces âmes passionnées de speed mortel

Désert de survie bordel

Quand le souffle de vie paraît un mirage

De la sève d'une mélancolie pleine de feu d'hivernage

Pont de mille entrailles communautaires

Spirale déchainée de mie de main avec son corollaire

Hommes éventrés,

Femmes répugnées,

Enfants enthousiasmés de vent misérable qui perdirent nos dermes !

Ce cercle vicieux qui nous entoure et qui nous aimes !

C'est le désastre total.

TERRE-AUX-RIMES

Hommages aux victimes de l'attentat de Grand Bassam,
À *Henrike GROHS du Goethe Institut, tuée violemment.*

Terrorisme !
Terres aux multiples prismes
Vent de séismes
À squames bourrées d'explosifs
Terrorisme !
Terroristes
Terriers aux flancs multiples de risques
Énormes médailles de gilets maléfiques
Porteurs de cauris-pistons
A la lisière des bruits de canons
Terrorisme !
Terre d'épine crise
Hommes
Femmes
Enfants bariolés de dynamites migrateurs
Ensanglantés par un atterrissage d'oisillons colporteurs
Avalanche de guerre-cambrioleur-de-paix
Qui perforent le silence d'un souffle communautaire
Borgnes ces laboureurs troubles-oreilles-de-nos-cœurs
Hélas !
Des tonneaux d'horreurs aux cris psalmodiés !
Ces voix bourrées d'appels pour une-prosternation-incendiaire-d 'argile-de-feu
Terrorisme !

Terroriste !

Ton flair aspergé de sang sur le macadam des plages
Au soir d'un TREIZE Mars sombre de mirages
(Sous l'œil divin des grains de sable
Rougies par l'horreur au soir
D'un TREIZE Mars sombre de nuages
Que d'énormes cicatrices d'un souvenir
Au gout aigre de ma terre d'ivoire
Qui inondent nos regards sombres et dérisoires
Elles se veulent intimes
Tourmentées d'un langage véridique).
Des oiseaux migrateurs
Battaient des ailes noircies de CINQUANTE DEUX douleurs
En constellations sur les toits du ONZE septembre.

DAKAR : Ma Sainte-Ville-de-la-Teranga

Dakar ma sainte ville baptismoniale

Dakar de ma terre famélique aux artères viscérales

Dakar ton hospitalité envoutante m'enchante

Elle enfante de sentinelles désirs en outrance-détours-vertigineux

Vous m'avez donné de l'eau limpide venue de la source du Gewal

Vous m'avez donné du miel venu de Firewawat…

Là où chantent les abeilles en cabale à la cadence mélodieuse

Vous m'avez offert de l'eau de la fontaine exosmose des écumes de fer

Aujourd'hui, je découvre la saveur de ton lait-d'halène-de-nectar.

Dakar de ma fierté historique au gout aigre…

Grande royale de la dynastie de ces nations nègres,

Bats-toi contre l'austère casaque des moisissures,

Oui ! Bats-toi contre les symptômes du mal fébrilex

Oui ! bat toi l'histoire te suivra

Et toi-même tu suivras le cours de ton Histoire

Loin de toi le vent stérile des tonneaux d'horreurs en ces temps qui tanguent

Le triangle de la honte m'a hanté le visage jusqu'au trône des sillages capitalistique

J'étancherai ma haine hystérique de cette race outrepassée dans les coffrets de REGO.

Dakar ma blonde négresse endimanchée une nuit de sine

La richesse fleurit dans ton monarque sous le gel des gangrènes qui grelottent d'ardeur scripturaire et scripturale

Dakar ma voie céleste,

Ma foi intrépide,

Ma voix torride,

Tu résides en moi Terranga.

(YENNE, dans la localité de Diamniadio, République du Sénégal, 12 Décembre 2020)

Tâches indélébiles

(Hommage aux Étudiants blessés par balles lors des affrontements du 28 Novembre 2018 à L'université Alassane Ouattara de Bouaké)

Section 1

Il y'a du sang sur le chemin qui mène vers l'espérance
Oui ! il y'a du sang ensanglanté qui git sur des innocents
Il y'a du sang sur la tanière de la daronne
Il y'a du sang partout
Il y'a du sang pour tous
Des taches partout,
Des taches et traces de taches en outrance
Oui ! il y'a du sang sur le trône du vieux gbêkê…

Gbêkê flair les coups de canons-pistons,
Les coups de pétales dans la sève des prisons pénales
Où les V.i.r.g.i.l.es[12] ont désormais pris garde…
Ils tirent dans nos rangs, tirent dans nos murs
Ils tirent sur les murailles, tirent sur les tableaux noircis de poudre d'escampettes
Ils tirent sur les Bics feutres de nos amphithéâtres
Ils tirent même sur les tables-bancs pourtant vides,
Ils tirent sur les microphones et les splits en sommeil à la saveur de milliards
Ils tirent ! tirent ! tirent encore ! et encore !
Ils tirent en mode septentrion-masque-blanc de couleur noire
Ils ont consumé notre âme au soir d'un mercredi sanglant du 28 Novembre
Ils tirent sans ambages ces sots autrefois gardiens des sceaux…
Ils ont souillé notre eau à la main dans nos sceaux.

[12] Véritables Imbéciles Reprogrammés en période de Guerre contre les Intellectuels et Leaders Étudiants

Section 2

Gbêkê flair à nouveau la débandade sociale,
La désolation des rues
La démesure des fausses promesses qui enfantent la grogne
La puanteur de la violence outrepassée de ses rues-magnant,
Même le vieux Gbêkê est troublé dans son palais souterrain
Il peine à regagner son éternel sommeil…
Bouake flair la haine même de nos songes !
La débauche sentinelle des gravats,
La ruine des ossements en cabale sur les tombeaux troués
Ils puent le grêle vomissement des mutins sauvages
D'une triste prédilection ensanglantée de vaines promesses
Ces odeurs fébriles de la honte des temps de l'érosion de l'éthique
Avec son costume de camisole envoutée par la subtilité d'un 19 Septembre
Djata fuyons !
Partons en fuite !
Fuyons Gbêkê avec son arôme de cadavres en putréfaction !
Fuyons Gbêkê avec sa puanteur d'hécatombe !
Fuyons vite Gbêkê à pas de course !
L'horizon est sombre !
Gbêkê flair le mal jusqu'au réveil du muezzin dès le premier chant de la cloche
Sous cette pluie de marmailles pesanteur de nos nuits tangibles,
On se demande si le vieux Gbêkê dormira son étrange sommeil.
L'horizon annonce les retrouvailles de baisés maléfiques sous haute tension…

Il s'annonce funeste si l'on n'y prend pas garde

Le politique a troqué les esprits vifs en des voies de déchets toxiques

L'humanisme a fait place à la cupidité après temps de haines nourrit pour engraisser les intérêts personnels

Nous sommes assoiffés de trêve,
D'un bout de sècheresse sur l'arène du *Grand V* les joues de la daronne pour laisser les tâches de LIBERTE indélébiles sur nos visages.

Notre école

Esprit écolier en déroute au bord du gouffre

Des cyclones qui brillent de mille feux aux travers des artères de l'apprentissage

J'ai vu ce Kalam tel un éclair en plein fourgonnette déchirant tous les manuscrits

L'école ivoirienne s'est éteinte en plein vol

Lors de son ultime envole

Elle s'est même endormie au bord de la lagune Ébrié

Elle peine à se réveiller

Face aux déboires des revendications interminables

De ces guérillas qui tranchent nos gosiers dans les amphithéâtres

C'est un compte de feu enflammé par des braises de la démesure, de la haine, de la famine

Dans cette révolution inconsciente,

Elle dort son sommeil la somme de ses élites qui s'effarent

Les grèves qui s'égrènent à perpétuité font l'interminable course-poursuite aux quotients intellectuels

L'école ivoirienne est en déroute avec son flair aspergé de poudre-cannabis

Ces cannes qui abusent de la sève de nos apprentis ès-lettres

Désormais ils ne font plus la différence entre manger et grayar,

Ça pue ici,

Ça pue par là…

Ça pue la merde partout

Ça pue même des neurones qui éclore dans les salles de classe

Ça pue la puanteur des narines-rougies par mille reniflements

Les grains de cola, le sable blanc du flanc tranchant les gorges fébriles…

La synergie des éthiques pédagogique qui se cajolaient à l'entrée des établissements, autrefois, fait face désormais à une étoffe d'énergie de microbes concentrés dans une boite de conserve noircie de fumée.

LE BAOBAB

(À BERNARD BINLIN DADIE)

Un baobab est tombé aux abords de la lagune Ébrié

Les racines effleuraient le noir pour porter le monde

La tige a longtemps endimanché des sentinelles au souffle d'intellectualisme

Les feuillages aux allures mythiques ont égrené les mystères de nos écrits

Un homme, une ombre en surnombre a succombé sur le chemin sinueux du repos de l'âme au premier matin d'un 09 Mars

Cette âme passionnelle qui battait des ailes fébriles étanchait nos soifs d'une glaire littéraire

C'est la débandade dans nos murs…

Les amphithéâtres sont vides de monde

Il y'a beaucoup d'éphèbes blanches dans nos livres

Les plumes saignent d'encre blanche sur les pages pourtant vierges

Il n'y a plus personne sur la scène de Monsieur *Thôgô-gnini*

Les rideaux sont tombés dans un noir apocalyptique…

Bernard a déchiffré le voyage du souterrain-pays-des-ancêtres avec sa plume ancestrale

Va ton sommeil père littéraire

Va ton sommeil

Éternelle merveille

De ma terre ventrue

Va ton sommeil rejoindre *Adje-Dinard-Badian-Kotchi*, ces étoiles qui scintillent du côté de chez Dieu

Nous te pleurons en chœur-épileptique à l'aube de la ronde des jours

Où *Climbié* nous attend avec le fatidique pagne noir pour exorciser nos écrits en larmes.

Verve Sexuelle

À la petite BOUASSOU Ahou Grace Océane, cette fillette de trois (3) ans enlevée puis violée à mort dans la nuit du 28 au 29 septembre 2019 à Dimbokro.

Ce jour-là…

Et ce jour-là…

Et ce jour-là…

Ma chair avait honte de ma peau,

Ma peau de mon corps,

Et mon âme fuyait mon être intrépide.

Ces coups de pétales dans ma gorge me fusillaient tout le visage

Il a dévoré ma dignité juvénile.

J'ai vu mes reins se disloquer aux quatre coins du monde

Mes seins se sont aplatis sur le sol qui gisait en sanglot

Pouvez-vous imaginer la haine d'un cœur fébrile chargé de fermentation ?

Et ce jour-là…

Oui ! ce jour-là…

Mes rêves, longtemps haussés sur l'autel sacrificiel, se sont vus échoir sur les rives du N'Zi.

Il a précipité mon âme vers le trépas

Il m'a consumé, il m'a dévoré, il m'a violé

Il a lynché mon esprit jusque dans les entrailles de l'Atlantique

Crainte est ma voix, ma foi, …mère vient vite aux abois !

Toi ! Pourras-tu supporter le goût de cette souffrance-aigre-et-endimanchée ?

Aaaaah ! *Ayaaaaah* !

Il a déshumanisé mon âme dans mon être sous un soleil froid et blafard

Hélas ! il a amputé ma vie si frêle, si ingénue et si loyale

Je le vois à chaque lever du jour

Je le revois à chaque crépuscule

Je le vis dans mes songes dans le silence de la nuit

Son visage est toujours zébré de cruauté

Sa mine, couverte de la varicelle de ma vie, ne fait que chanter l'ode à mes souffrances mixées

Tant et tant de fois mon espoir écrasé,

Autant ma haine hantera le sillage de ton existence…,

Yamoussoukro, 28 octobre 2019

Tiraille tenaille du tiraillement

Esprit de migration de tireur

Champs de vision vide des tirailleurs que nul ne peut gunner

Évitez de nous mettre dans le bain des sables rougis

Nous sommes dix-huit mangeurs de glaces de sang

Il nous arrive souvent de ne même pas nous soucier de la cabale des spermes vifs

Tiraille trouvaille à la tisane du tiraillement

Nous pensons à nos morts désormais…

Passé le temps des tristes-sommeils-étrange

La colère a eu raison des tyrans grotesques consumés par les mouches tsé tsé…

Si nous voulons souffrir le martyr de nos peines endimanchées,

Si nous devrons faire montre de nos gageurs à la lisière de nos cris noir-aigus,

Si nous pouvons nous reconnaitre à la tête de tous ces maux-fléaux-corrompus par la sœur Francine,

Si nous voyons ceux qui nous donne l'acensions à notre migraine de misères,

Si nous pouvons dire haut ce que nos têtes couronnées trament sur la trame tramontane avant de quitter l'hexagone …

Tenace travail à l'étirement de nos cœurs chargés de mandibules

Je vous conjure jusqu'au trône du firmament de Jean Paul deux-fois saint Thomas

Où les cris murirent de pie-d'épine prient pour la survie des mies de vies vives et viriles

Il y' a toujours une cervelle digne de voir le bonheur étaler son manteau sur la tanière de ma terre féconde de joies multicolores : où le jaune se noie dans le noyau du blanc pour enfanter le marron nourri à la sève du noir.

Motions d'acharnement de conventions-passions-pavillons de désert migratoire !

Motus !

Printed by Books on Demand GmbH, Norderstedt / Germany